BEI GRIN MACHT SICH IHR WISSEN BEZAHLT

- Wir veröffentlichen Ihre Hausarbeit, Bachelor- und Masterarbeit

- Ihr eigenes eBook und Buch - weltweit in allen wichtigen Shops

- Verdienen Sie an jedem Verkauf

Jetzt bei www.GRIN.com hochladen und kostenlos publizieren

Bibliografische Information der Deutschen Nationalbibliothek:

Die Deutsche Bibliothek verzeichnet diese Publikation in der Deutschen Nationalbibliografie; detaillierte bibliografische Daten sind im Internet über http://dnb.d-nb.de/ abrufbar.

Dieses Werk sowie alle darin enthaltenen einzelnen Beiträge und Abbildungen sind urheberrechtlich geschützt. Jede Verwertung, die nicht ausdrücklich vom Urheberrechtsschutz zugelassen ist, bedarf der vorherigen Zustimmung des Verlages. Das gilt insbesondere für Vervielfältigungen, Bearbeitungen, Übersetzungen, Mikroverfilmungen, Auswertungen durch Datenbanken und für die Einspeicherung und Verarbeitung in elektronische Systeme. Alle Rechte, auch die des auszugsweisen Nachdrucks, der fotomechanischen Wiedergabe (einschließlich Mikrokopie) sowie der Auswertung durch Datenbanken oder ähnliche Einrichtungen, vorbehalten.

Impressum:

Copyright © 2018 GRIN Verlag
Druck und Bindung: Books on Demand GmbH, Norderstedt Germany
ISBN: 9783668894976

Dieses Buch bei GRIN:

https://www.grin.com/document/461916

Anonym

Planung einer Trainingseinheit mit Mesozyklus

GRIN Verlag

GRIN - Your knowledge has value

Der GRIN Verlag publiziert seit 1998 wissenschaftliche Arbeiten von Studenten, Hochschullehrern und anderen Akademikern als eBook und gedrucktes Buch. Die Verlagswebsite www.grin.com ist die ideale Plattform zur Veröffentlichung von Hausarbeiten, Abschlussarbeiten, wissenschaftlichen Aufsätzen, Dissertationen und Fachbüchern.

Besuchen Sie uns im Internet:

http://www.grin.com/

http://www.facebook.com/grincom

http://www.twitter.com/grin_com

Deutsche Hochschule für
Prävention und Gesundheitsmanagement
Hermann Neuberger Sportschule 3
66123 Saarbrücken

Einsendeaufgabe

Fachmodul: Trainingslehre II

Studiengang: Fitnessökonomie

Datum
Präsenzphase: 11.06.2018 – 13.06.2018

Studienort: **Berlin**

Semester: **Wintersemester 2016**

Inhaltsverzeichnis

1 DIAGNOSE 3

   1.1   Allgemeine und biometrische Daten 3

   1.2   Leistungsdiagnostik/Ausdauertestung 4

   1.3   Gesundheits- und Leistungsstatus der Person 6

2 ZIELSETZUNG UND PROGNOSE 7

3 TRAININGSPLANUNG MESOZYKLUS 8

   3.1   Grobplanung Mesozyklus 8

   3.2   Detailplanung Mesozyklus 8

   3.3   Begründung zum Mesozyklus 9

       3.3.1   Begründung zum angestrebten wöchentlichen Belastungsumfang 9

       3.3.2   Begründung zu den angesteuerten Trainingsbereichen 11

       3.3.3   Begründung der ausgewählten Ausdauergeräte bzw. Bewegungsformen ... 11

4 LITERATURRECHERCHE 12

5 LITERATURVERZEICHNIS 14

6 TABELLENVERZEICHNIS 15

1 Diagnose

1.1 Allgemeine und biometrische Daten

Allgemeine und biometrische Daten dienen der Entwicklung eines erfolgreichen Ausdauertrainingsprogrammes. Die Daten werden genutzt um einen individuellen Plan zu erstellen. Dazu wird ein Ist-Zustand erhoben, der es ermöglicht, spätere Erfolge mit Hilfe eines Re-Tests zu ermitteln. Außerdem werden die Daten mit Normwerten verglichen, um das Fitnesslevel des Kunden objektiv einschätzen zu können.

Herr T besucht den Yoga-Kurs eines Fitnessstudios einmal alle zwei Wochen. Mit Ausdauersport hat er bisher nur wenig Erfahrungen. Zwar versucht er sich zu motivieren, sich alle ein bis zwei Wochen für etwa 30 Minuten auf dem Crosstrainer zu bewegen, aber das schafft er nur unregelmäßig und hat keine Freude daran, weil er keine Verbesserungen feststellen kann. Seine Bewegungen im Alltag belaufen sich auf ein Mittelmaß. Er gibt an, alle Strecken mit dem Auto zurückzulegen und seine Laufwege belaufen sich auf das Nötigste. Sein Wunsch, nun etwas ändern zu wollen und mehr Sport in sein Leben zu integrieren kommt daher, dass sich sein Wohlbefinden langsam verschlechtert und sich Rückenschmerzen bemerkbar machen. Er ist Medizinstudent und arbeitet neben seinem Studium noch an einer Supermarktkasse. Folglich bewegt er sich sowohl im Alltag, als auch im Job sehr wenig. Einmal alle zwei Wochen trifft sich Herr T mit seinen Freunden zu Fußballspielen. Allerdings steht er dort meistens im Tor, was dazu führt, dass er sich auch dabei wenig bewegt Im Anamnesegespräch erläuterte Herr T, dass er sich nicht mehr so fit fühle, wie zu Beginn seines Studiums. Auch seine voranschreitende Gewichtszunahme ist ihm in den letzten Monaten besonders negativ aufgefallen.

Die ermittelten Daten des Herrn T sind in folgender Tabelle aufgelistet.

Tabelle 1: Allgemeine und biometrische Daten

Allgemeine und biometrische Daten von Herr T	
Alter	24 Jahre
Geschlecht	Männlich
Körpergewicht	83 kg
Körpergröße	182 cm
Blutdruck	122/82 mmHg
Ruhepuls	75 Schläge/Minute
Körperfettanteil	20,00 %

Sportliche Tätigkeiten (Aktuell)	- 30 min Yoga einmal alle 1-2 Wochen (Anfänger) - 30 min Crosstrainer alle 1-2 Wochen (Anfänger) - 1 Std Fußball alle 2 Wochen (im Tor →wenig Bewegung)
Berufliche Tätigkeiten	Medizin-Student, überwiegend sitzend Nebenjob an der Kasse (12h/Woche)
Trainingsmotive	- Ausgleich zum Alltag - Gewichtsreduktion - Wohlbefinden verbessern - Prävention von Beschwerden im Alter
Zeitlicher Verfügungsrahmen	An 3-4 Tagen 4-5 Stunden/Woche
Aktueller Gesundheitszustand	Keine Medikamente, Keine Gesundheitlichen Einschränkungen

Herr T ist 24 Jahre jung und hat ein Gewicht von 83 Kg bei einer Größe von 182cm. Sein BMI beträgt somit 25,1. Mit einem Wert von 122/82 mmHg liegt der Blutdruck von Herr T im Normbereich. Folglich muss keine Senkung angestrebt werden. Seine Ruheherzfrequenz liegt bei 75 S/min. Damit liegt er auch hier im Normbereich (60-80 S/min) (Eifler, 2017, S.41). Im Hinblick auf seinen Ruhepuls lässt sich schließen, dass sein aktueller Fitnesslevel mäßig ist. Er befindet sich im oberen Normalbereich. Der Wert kann durch regelmäßiges Ausdauertraining gesenkt werden. Zusätzlich kann ihm dieser Sport helfen, mehr Freude am Fußballspielen zu entwickeln und in Zukunft vielleicht sogar eine andere Position für sich zu entdecken.

1.2 Leistungsdiagnostik/Ausdauertestung

Nun wird bei Herrn T eine Leistungsdiagnostik vollzogen. Hierfür wird die IPN-Methode verwendet. Im Anschluss wird er nachdem Belastungsschema Hollmann-Venrath getestet. Die IPN- Methode ist sehr gut geeignet, weil sie eine bessere und genauere Leistungsdiagnostik verspricht. Der IPN Test ist eine Voreinstufung, der Belastbarkeit für den Ergometer Test. Herr T ist ein gesunder, junger und untrainierter Mann, dem einen Belastbarkeit von 150 Watt zugetraut werden kann. Ein großer Vorteil ist, dass er nicht bis zur Ausbelastungsgrenze gehen muss, da auch der Test im submaximalen Bereich Aufschluss über die Ausdauerleistungsfähigkeit gibt. Da Herr T nicht erfahren im Ausdauerbereich ist, ist es vernünftig, ihn nicht gleich zu Beginn zu seiner persönlichen Leistungsgrenze zu bringen. Das könnte zu einer Demotivation führen, da er es nicht gewohnt ist, sich aus seiner Komfortzone zu bewegen. Mit einer Intervalldauer und der Belastbarkeit von 150 Watt werden in den meisten Fällen „Steady-State"- Bedingungen erreicht. Dies passiert, wenn Sauerstoffangebot gleich Sauerstoffverbrauch ist. Geschieht das, sind optimale Verhältnisse für unverfälschte Ergebnisse garantiert. Ein weiterer Vorteil ist, dass diese Testvariante nicht von der Motivation von Herrn T abhängig ist, weil bei dem Test keine maximale Leistung erforderlich ist, sondern ein linearer Anstieg der Belastung bis zur einer Pulsobergrenze, die durch den IPN- Test ermittelt wird. So wirkt sich der Test nicht negativ auf dem Herz- Kreislauf-System aus.

Tabelle 2: Voreinstufung nach Ruhefrequenz und Lebensalter (Modifiziert nach IPN, 2004)

Alter/Hf (Ruhe)	< 20	20-29	30-39	40-49	50-59	60-69	>70
<50 S/min	140 S/min	135 S/min	130 S/min	125 S/min	120 S/min	115 S/min	110 S/min
50-59 S/min	145 S/min	140 S/min	135 S/min	125 S/min	120 S/min	115 S/min	110 S/min
60-69 S/min	145 S/min	145 S/min	135 S/min	130 S/min	125 S/min	120 S/min	115 S/min
70-79 S/min	150 S/min	145 S/min	140 S/min	135 S/min	130 S/min	125 S/min	120 S/min
80-89 S/min	155 S/min	150 S/min	145 S/min	140 S/min	135 S/min	125 S/min	125 S/min
>90 S/min	160 S/min	155 S/min	150 S/min	145 S/min	135 S/min	130 S/min	125 S/min

Tabelle 3: Voreinstufung unter Berücksichtigung der Trainingshäufigkeit (ausdauerrelevant) –modifiziert nach IPN 2004

Trainingszustand	Trainingshäufigkeit/Woche	Stunden/Woche	Pulsaufschlag
Kein Ausdauertraining	Keine	0 h	-------
wenig Ausdauertraining	1-2 Mal	ca. 1 h	-------
moderates Ausdauertraining	2-3 Mal	ca. 1-2 h	+ 5 S/min
viel Ausdauertraining	3-4 Mal	ca. 2-4 h	+ 10 S/min
sehr viel Ausdauertraining	öfter als 4 Mal	länger al 4 h	+ 15 S/min

Herr T hat einen Ruhepuls von 75 S/min und er betreibt kein regelmäßiges Ausdauertraining. Das bedeutet, dass er in die Zielherzfrequenz von 150 S/min einsortiert wird und kein Aufschlag erfolgt. Der Test wird folglich bei 150 S/min abgebrochen

Tabelle 4: Protokoll des Hollmann-Venrath Stufentests nach der IPN Methode

Zeit (min)	Watt	HF1	HF 2	HF 3
3	30	83	85	90
6	70	95	97	104
9	110	110	116	125
12	150	130	140	144
15	190	150	---	---

Herr T hat die Zielherzfrequenz von 150S/min nach exakt 15 min erreicht. Folglich wurde der Test bei einer Belastungsstufe von 190 Watt abgebrochen. Die Gesamtleistung wird mit Hilfe des Körpergewichts ermittelt: 190 Watt: 83 Kg = 2,29 Watt/Kg. Demnach beträgt seine Gesamtleistung 2,29 Watt/Kg. Nach der der Norm-Soll-Leistungstabelle für submaximale Rad-Ergometer-Tests liegt er in der durchschnittlichen Ausdauerleistung (Eifler, 2017, S. 76 nach IPN 2004). Das nächste Ziel für ihn ist eine überdurchschnittliche Leistung zu erreichen.

Tabelle 5: Normtabelle für submaximale Ergometertest–Relative Watt-Sollleistung (Watt pro kg) bei Männern (modifiziert nach IPN, 2004 , S. 8)

Alter / Intensität	< 30	30-34	35-39	40-44	45-49	50-54	55-59	> 60	Bewertung
0,6	2,00	1,90	1,80	1,70	1,60	1,50	1,40	1,30	Ø
0,61	2,20	2,09	1,98	1,87	1,76	1,65	1,54	1,43	Ø
0,62	2,40	2,28	2,16	2,04	1,92	1,80	1,68	1,56	Ø
0,63	2,60	2,47	2,34	2,21	2,08	1,95	1,82	1,69	☺

Anhand der Gesamtleistung und seines Alters wird Herrn T eine Intensität von 0,61-0,62 zugeordnet. Das entspricht dem Durchschnittsbereich bei Männern.

1.3 Gesundheits- und Leistungsstatus der Person

Nach Betrachtung der körperlichen Ausdauer, ist festzustellen, dass Herrn T über eine durchschnittliche Fitness verfügt. Trotz seiner unregelmäßigen sportlichen Aktivitäten liegt er in der Norm-Soll-Tabelle im Normalbereich. Allerdings ist die Leistung definitiv ausbaufähig. Ein weiterer positiver Aspekt betrifft seinen körperlichen Gesundheitszustand. Herrn T hat weder chronische Erkrankungen, noch Verletzungen.

Herrn T ist motiviert und gewillt, seinen Körper auf einen leistungsfähigeren Zustand zu trainieren und sein Wohlbefinden zu verbessern. Vor allem möchte er sein Gewicht reduzieren. Ein regelmäßiges Ausdauertraining für ihn ist wichtig. Obwohl er einen normalen Ruhepuls hat kann dieser verbessert und gesenkt werden, so dass er bereits jetzt präventiv ins hohen Alter hinarbeitet. Außerdem kann er Beschwerden im Alltag verhindern.

Das Ausdauertraining kann ihm mehr Energie im Alltag geben und dadurch sein Wohlbefinden verbessern. Außerdem hat er gute Chancen, beim Fußballtraining mehr Spaß zu empfinden als zuvor. Das Hauptziel von Herrn T ist es, sein Gewicht zu reduzieren. Dabei wirkt ein regelmäßiges Ausdauertraining unterstützend, da er dabei sehr viele Kalorien verbrennen kann. Ein weiterer Vorteil vom Ausdauersport ist, dass er dazu beiträgt, auch mit voranschreitendem Alter fit zu bleib.

2 Zielsetzung und Prognose

Herr T hat viele Gründe und Ziele, die ihn dazu veranlasst haben, nun etwas ändern zu wollen. Im Folgenden werden die drei wichtigsten beschrieben:

Das erste Ziel von Herrn T ist es, sein Gewicht zu reduzieren. Da Herr T sehr gerne isst, wird angestrebt, das Defizit vor allem durch Sport zu erwirtschaften. Er gibt an, dass er gerne ein Gewicht von 78kg erreichen möchte. Das entspricht einer Reduktion von 5kg. Ein Kilogramm Fettmasse hat 7000 Kcal. Herr T muss also 35000 Kcal einsparen um fünf Kg Fettmasse abzubauen. Um Herr T langfristig motiviert zu halten, wird ein geringes Defizit von 500kcal pro Tag angestrebt. 35 000kcal/500kcal=70 Tage = 2,3 Monate. Sein Ziel kann er also in knapp 2,5 Monaten erreichen.

Als zweites möchte Herr T würde sein Wohlbefinden verbessern. Das regelmäßige Ausdauertraining trägt dazu bei, dass er sich „fitter" fühlen und resistenter gegen Krankheiten sein wird. Durch den Gewichtsverlust wird er zusätzlich leichter und agiler. Der Blutdruck kann durch regelmäßiges Ausdauertraining (11-12 Wochen) gesenkt werden. Dabei kann der systolischer Blutdruck bis zu 10 mmHg und der diastolischer Blutdruck bis zu 5 mmHg sinken (Kindermann et al., 2003). Also kann der Blutdruck von Herr T von 122/82mmHg in 10-12 Wochen auf 120/80 senken.

Herr T hat seit seiner Gewichtszunahme manchmal Rückenschmerzen. Durch ein regelmäßiges Ausdauertraining wird er sein Gewicht reduzieren und damit keine Schmerzen mehr haben. Wenn er regelmäßig weiter im Ausdauertraining bleibt wird er auch im Alter sportlich bleiben. Mit regelmäßigem Ausdauertraining wirkt er auch der Krankheit Diabetes Typ II entgegen. Ziel ist es nach sechs Wochen Das Gewicht zu reduzieren und somit Rückenschmerzen sowohl zu reduzieren als auch vorzubeugen.

3 Trainingsplanung Mesozyklus

3.1 Grobplanung Mesozyklus

Die folgende Tabelle zeigt die grobe Aufstellung des Mesozyklus:

Tabelle 6: Aufstellung des Mesozyklus

Dauer	6 Wochen
Trainingsziel	Stabile Gesundheit Herz-Kreislauftraining Fettstoffwechseltraining Entwicklung der Grundlagenausdauer I und II
Belastungsumfang pro Woche	1,5h – 3,5h
Trainingsintensität	40 % Hf RESERVE (regenerativ) 50-70 % HfRESERVE (extensiv)
Trainingsmethoden	Extensive Dauermethoden
Dauer pro Tainingseinheit	Regenerativ 30-40 min. Extensive Dauermethode 50-90 min.
Trainingshäufigkeit/Woche	3-4 Mal
Trainingsgeräte	Crosstrainer, Laufband, Fahrradergometer

3.2 Detailplanung Mesozyklus

Tabelle 7:Detailplanung des Mesozyklus

Woche 1	Di	Do	Sa
Ziel	GA1	GA1	GA1
Methode	Ext. DM	Ext. DM	Ext. DM
Intensität	50-55%	50-55%	50-55%
Thf in /min.	137-143	137-143	137-143
Dauer	30 min	30 min	30 min
Gerät	Cross-Trainer	Laufband	Fahrrad

Woche 2	Di	Do	Sa
Ziel	GA1	GA1	GA1
Methode	Ext. DM	Ext. DM	Ext. DM
Intensität	50-55%	50-55%	50-55%
Thf in /min.	137-143	137-143	137-143
Dauer	45 min	30 min	45 min
Gerät	Fahrrad	Cross-Trainer	Laufband

Woche 3	Di	Do	Sa
Ziel	GA1	GA2	GA2
Methode	Ext. DM	Ext. DM	Ext. DM
Intensität	50-55%	50-55%	50-55%
Thf in /min.	137-143	137-143	137-143
Dauer	45 min	50 min	45 min
Gerät	Fahrrad	Cross-Trainer	Laufband

Woche 4	Mo	Mi	Fr	So
Ziel	GA1	GA1	GA1	REKOM
Methode	Ext. DM	Ext. DM	Ext. DM	Ext. DM
Intensität	60-65%	55-60%	60-65%	45 %
Thf in /min.	148	137-143	137-143	127
Dauer	60 min	60 min	65 min	30 min
Gerät	Cross-Trainer	Cross-Trainer	Fahrrad	Laufband

Woche 5	Mo	Mi	Fr	So
Ziel	GA1	GA1	GA1	REKOM
Methode	Ext. DM	Ext. DM	Ext. DM	Ext. DM
Intensität	60-65%	55-60%	55-60%	45 %
Thf in /min.	137-143	150-155	150-155	127
Dauer	70 min	70 min	60 min	40 min
Gerät	Fahrrad	Cross-Trainer	Laufband	Laufband

Woche 6	Mo	Mi	Fr	So
Ziel	GA1	GA1	GA1	REKOM
Methode	Ext. DM	Ext. DM	Ext. DM	Ext. DM
Intensität	60-65%	55-60%	60-65%	45 %
Thf in /min.	150-155	137-143	150-155	127
Dauer	70 min	75 min	70 min	45 min
Gerät	Cross-Trainer	Fahrrad	Fahrrad	Laufband

3.3 Begründung zum Mesozyklus

Herr T trainiert in den ersten zwei Wochen mit der extensiven Dauermethode. Bei der extensiven Dauermethode wird die Intensität geringgehalten und der Belastungszeitraum erhöht. Sie ist die Grundlage für die Gewichtsreduktion. Außerdem ist sie der Ursprung für die Entwicklung der Grundlagenausdauer 1. Er hat zwischen den Trainingstagen einen Tag frei um sich wieder zu regenerieren. Ansonsten hat er ständig wechselnde Ausdauergeräte. Dadurch wird sein Training abwechslungsreicher und er setzt sich verschiedene Arten von Belastungen aus. Die Wahrscheinlichkeit, dass Herr T so motiviert bleibt, steigt dadurch. Dabei wird auf eine mittlere Intensität zurückgegriffen und der Belastungsumfang progressiv gesteigert. In den Wochen vier bis sechs ist ein Regenerationstraining (Rekomtraining) vorgesehen. Hier findet kaum Laktatbildung statt, weshalb sich der Körper dabei erholt. Die Intensität ist sehr niedrig. Dies fördert nach den intensiven Trainingseinheiten, die aktive Regeneration, die Gesundheit und das Herz-Kreislaufsystem. Dadurch kann er die nächste intensive Einheit schneller erfolgen.

3.3.1 Begründung zum angestrebten wöchentlichen Belastungsumfang

Der Belastungsumfang wird den bisherigen Erfahrungen im Ausdauertraining von Herrn T angepasst. Er beginnt mit 30 min auf dem Crosstrainer, weil er diese Belastung bereits kennt. In der ersten Woche soll er insgesamt 90 Minuten Ausdauertraining betreiben. Das wird ihn nicht überfordern und stellt somit eine gute Einführung in das Ausdauertraining.

Herr T hat das primäre Ziel sein Gewicht zu reduzieren. Deshalb wird der Belastungsumfang wöchentlich progressiv gesteigert. Umso höher der Belastungsumfang ist, umso mehr wird der Fettstoffwechsel trainiert und Herr T kommt in den gewünschten Bereich der Fettverbrennung Außerdem wird ab der vierten Woche ein Rekom- Training absolviert um seine Regeneration und seine Gesundheit zu fördern. Dadurch kann die Tragfähigkeit zu den nachfolgenden Trainingseinheiten gesteigert werden. Herr T kann somit schneller seine Ziele erreichen. In Woche 6 trainiert Herr T bereits 260 min. Damit geht er auf sein zeitliches Maximum ein und er kann sich weiter danach richten. Die Steigerung erfolgt von Woche zu Woche langsam aber stetig. Bis Woche vier wird nur die Belastungsdauer erhöht um die Grundlagenausdauer eins zu entwickeln und zu stabilisieren, Ab Woche 4 wird die Intensität bis zu 10% erhöht und das Rekom- Training wird mit eingebaut. Es wird eingebaut, weil sie die Zeit für die Erholung verkürzt und er so öfter trainieren kann.

Begründung zu den ausgewählten Trainingsmethoden

Herr T hat das primäre Ziel sein Gewicht zu reduzieren. Deshalb wird in Mesozyklus I mit der extensiven Dauermethode gearbeitet. Diese fördert den Aufbau und die Festigung der Grundlagenausdauer I. Das findet im Körper in der aeroben Stoffwechsellage statt Durch diese Methode wird das aerobe Kohlenhydrat und auch nach einer gewissen Belastungsdauer, die Individuell unterschiedlich ist, der Fettstoffwechsel als Energie bereitgestellt.

Begründung zur Belastungsprogression

Herr T beginnt mit einer Trainingshäufigkeit von drei Einheiten pro Woche. Ab der vierten Woche wird diese auf vier Mal pro Woche gesteigert. Durch die gute Dosierung der Intensität befindet sich Herr T auf einer trainingswirksamen Reizschwelle, die dazu dient Anpassungserscheinungen auszulösen. Herr T ist kein völliger Anfänger weshalb ihm ein Training dreimal pro Woche zugetraut werden kann. In Woche vier wird die Trainingshäufigkeit auf vier erhöht, da noch ein Rekom Training dazu kommt. An dieser Stelle passt das Rekom-Training sehr gut, da die Belastungsdauer sowie die Intensität zunimmt und das die Regeneration und die Gesundheit fördert. So kann Herr T schneller wieder belastet werden. Die Dauer der Einheiten beginnt in der ersten Woche mit 90 Minuten und wird sich in der sechsten Woche bereits auf 215 Minuten gesteigert. Um die Intensität einschätzen zu können, wurde ein Ausdauertest gemacht und die Intensität von den Ergebnissen abgeleitet Die Intensität bleibt in der ersten Woche bei 50-55% Hf reserve und wird wöchentlich gesteigert. Die Herzfrequenzreserve wird ermittelt indem man die Ruheherzfrequenz von der maximalen Herzfrequenz subtrahiert. Die Hf reserve dient als

Basis für die Kalkulation der Intensität. In der sechsten Woche beträgt die Hf reserve 60-65%. Die Belastung wird dabei progressiv gesteigert. Zuerst die Häufigkeit, anschließend Umfang und zuletzt die Intensität.

3.3.2 Begründung zu den angesteuerten Trainingsbereichen

Hier wird die Grundlagenausdauer 1 angesteuert, um sie sowohl auszubilden als auch zu stabilisieren. Damit zusammenhängend aktiviert und verbessert sich der Fettstoffwechsel. Mit steigender Trainingsdauer wird neben dem aeroben Kohlenhydrat- besonders der Fettstoffwechsel für die Energiebereitstellung zur Verfügung gestellt. Darüber hinaus wird das Herz-Kreislauf-System gestärkt. In dem Mesozyklus wird seine aerobe Fitness und sein Fettstoffwechsel trainiert. Sein zweites Ziel ist es sein Wohlbefinden zu verbessern. Das Rekom-Training hilft der aktiven Regeneration nach höheren Intensitäten und es fördert die Gesundheit und stärkt das Immunsystem.

3.3.3 Begründung der ausgewählten Ausdauergeräte bzw. Bewegungsformen

Herr T kennt den Crosstrainer und er hat bereits häufig damit trainiert. Dadurch, dass er schon Erfahrung damit hat und auch keinerlei Schwierigkeiten mit der Koordination bei der Nutzung dieses Gerätes, ist die Wahl für die erste Trainingseinheit darauf gefallen. Der Crosstrainer soll Herr T an die Benutzung des Laufbands heranführen. Bei der Nutzung des Laufbandes werden im Vergleich zu den anderen Geräten am meisten Kalorien verbraucht. Da der primärer Wunsch von Herr T darin besteht, Gewicht zu reduzieren, ist das sehr förderlich. Zusätzlich soll Herr T das Fahrrad benutzen. Das soll Herr T präventiv vor orthopädischen Fehlbelastungen schützen. Außerdem trägt das Fahrradergometer und das Laufband dazu bei, dass er an das Training draußen herangeführt wird und es soll das Ausdauertraining abwechslungsreich gestalten. Herr T hat dazu noch die Möglichkeit draußen Fahrrad Zu fahren oder zu joggen. Beides kann er gut mit einem Pulsmessgerät verwirklichen.

4 Literaturrecherche

Thema: Effekte des Ausdauertrainings bei arterieller Hypertonie

Tabelle 8: Studie 1 zu den Effekten des Ausdauertrainings bei arterieller Hypertonie

Studie 1	
Titel der Studie	Kardiovaskuläre Effekte eines aeroben versus ein isometrisches Training bei arterieller Hypertonie
Autor	Vlatsas, Stergios
Jahr der Veröffentlichung	2015
Versuchspersonen	Insgesamt 70 Patienten nahmen an dieser Studie teil. Neben Patienten mit medikamentös behandelter arterieller Hypertonie partizipierten ebenfalls welche ohne medikamentöse Therapie mit einem Blutdruck ≥ 140/90 mmHg.
Versuchsaufbau	Die Teilnehmer wurden in drei Gruppen eingeteilt. Die erste Gruppe bestand aus 25 Patienten und absolvierte über zwölf Wochen ein isometrisches Training, welches fünf Mal pro Woche durchgeführt wurde. Das Training beinhaltete Faustschlusskontraktionen mit 30% der maximalen Kraft. Die zweite Gruppe umfasste 23 Patienten. Auch sie absolvierten dieselben Übungen, allerdings mit einem Placebo-Gerät. Die dritte Gruppe bestand aus 22 Patienten und absolvierte 5 Mal pro Woche 30-45 Minuten aerobes Ausdauertraining.
Relevante Ergebnisse und Schlussfolgerungen	Das Resultat dieser Studie ist die signifikante Senkung des systolischen und diastolischen Blutdrucks in der ambulanten 24-Stunden-Blutdruckmessung. Außerdem konnte eine Verbesserung der Elastizitätsindices der kleinen und großen Gefäße verzeichnet werden. Das aerobe Training senkt den Blutdruck bei Hypertonikern merklich.

Tabelle 9: Studie 2 zu den Effekten des Ausdauertrainings bei arterieller Hypertonie

Studie 2	
Titel der Studie	Effekte eines 12-wöchigen Ausdauertrainings auf die körperliche Leistungsfähigkeit und den psychischen Zustand von Patienten mit isolierter systolischer Hypertonie
Autor	Meißner, Romy
Jahr der Veröffentlichung	2011
Versuchspersonen	Insgesamt 51 Patienten aus der Blutdrucksprechstunde der Charité-Universitätsmedizin Berlin wurden in eine Trainings- und Kontrollgruppe eingeteilt, wovon 24 Teilnehmer der Trainingsgruppe angehörten
Versuchsaufbau	Die 24 Teilnehmer der Trainingsgruppe trainierten für insgesamt 12 Wochen dreimal pro Woche auf dem Laufband nach einem Intervallschema. Die restlichen 27 Teilnehmer führten kein Sportprogramm

	durch. Begleitet wurden die Untersuchungen durch ein Ruhe- und Belastungs-EKG, eine Laufbandspiroergometrie, eine Langzeit- Blutdruckmessung und eine Echokardiografie des Herzens.
Relevante Ergebnisse und Schlussfolgerungen	Nach dem 12-wöchigen Training konnte eine maximale Leistungsfähigkeit der Patienten verzeichnet werden. Die Leistungsfähigkeit hat sich demzufolge signifikant. Bezüglich des systolischen Blutdruckes und der Herzfrequenz zeigten sich ebenfalls signifikante Veränderungen bei den Patienten der Trainingsgruppe. Die Werte der Kontrollgruppe blieben im Gesamten gleich. Ausdauertraining wirkt sich folglich positiv auf den Blutdruck aus und begünstigt die Lebensqualität des Betroffenen bemerkbar.

5 Literaturverzeichnis

Eifler, C. Studienbrief Trainingslehre II, 2017

Meißner, R. (2011). *Effekte eines 12-wöchigen Ausdauertrainings auf die körperliche Leistungsfähigkeit und den psychischen Zustand von Patienten mit isolierter systolischer Hypertonie*. Charité - Universitätsmedizin Berlin. Freie Universität Berlin. letztes Abrufdatum: 26.08.2018 https://refubium.fu-berlin.de/handle/fub188/9288?show=full

Vlatsas, S. (2015). *Kardiovaskuläre Effekte eines aeroben versus eines isometrischen Trainings bei arteri.eller Hypertonie*. Charité - Universitätsmedizin Berlin. Freie Universität Berlin. letztes Abrufdatum: 26.08.2018. https://refubium.fu-berlin.de/handle/fub188/1246

6 Tabellenverzeichnis

Tabelle 1: Allgemeine und biometrische Daten 3
Tabelle 2: Voreinstufung nach Ruhefrequenz und Lebensalter (Modifiziert nach IPN, 2004) 5
Tabelle 3: Voreinstufung unter Berücksichtigung der Trainingshäufigkeit (ausdauerrelevant) –modifiziert nach IPN 2004 5
Tabelle 4: Protokoll des Hollmann-Venrath Stufentests nach der IPN Methode 5
Tabelle 5: Normtabelle für submaximale Ergometertest–Relative Watt-Sollleistung (Watt pro kg) bei Männern (modifiziert nach IPN, 2004 , S. 8) 6
Tabelle 6: Aufstellung des Mesozyklus 8
Tabelle 7:Detailplanung des Mesozyklus 8
Tabelle 8: Studie 1 zu den Effekten des Ausdauertrainings bei arterieller Hypertonie.. 12
Tabelle 9: Studie 2 zu den Effekten des Ausdauertrainings bei arterieller Hypertonie.. 12

BEI GRIN MACHT SICH IHR WISSEN BEZAHLT

- Wir veröffentlichen Ihre Hausarbeit, Bachelor- und Masterarbeit

- Ihr eigenes eBook und Buch - weltweit in allen wichtigen Shops

- Verdienen Sie an jedem Verkauf

Jetzt bei www.GRIN.com hochladen und kostenlos publizieren